# 귀향의 노래

## —고창의 사계—

강희석 제2시집

을지출판공사

■ 서문

# 주옥같은 작품들이 쏟아지길 기대하며

강 인 섭
〈시인·전 동아일보 논설위원·전 국회의원〉

늦깎이로 시에 입문한 집안 동생 강희석 시인이 두 번째 시집 「귀향의 노래 - 고창의 4계」를 펴낸다고 한다.

첫 시집을 냈을 때도 기쁘고 반가운 마음에 글을 썼던 터라 이번에도 미리 보내준 초고를 읽어 보고 그동안 상당한 진전이 있었구나 싶어 흔쾌히 붓을 들기로 했다. 그동안 시공부를 열심히 한 흔적을 작품 편편에서 발견할 수 있었지만, 특히 농촌 생활에 많이 익숙해 있는 시인의 모습을 접할 수 있어 반가웠다.

귀향시인 강희석은 고추를 심어 놓고 꽃 피고 열매 맺기를 하루 종일 기다렸으나 새벽녘에야 슬그머니 새 생명을 잉태하는 걸 보고 「역사는 밤에 이루어진다」를 썼고 「하늘을 노하게 하지 말라」는 시에서는 "나무와 벌레 이끼와 짐승들이 모두 함께 어울려 사는 숲의 평화"를 꿈꾼다.

나는 강 시인의 이 같은 작품 세계가 우리가 오랫동안 잊고 살아온 자연의 재발견이며 고향과의 재회라고 믿는다. 나 역시 전북 고창 땅에서 조상 누대가 살아온 그곳의 정기를 받고 태어나 어린 시절을 보냈기에 언제나 잊을 수 없는 마음의 고향이다.

강희석이 이 시집에서 노래한 방장산과 성틀봉, 인천강 등은 나에게도 잊을 수 없는 친근한 이름들이다. 언젠가 나의 생가이자 강희석이 지금 낙향해 살고 있는 집에 들렀더니 「통일시인 강인섭의 생가」「강희석 시인의 집」이라는 두 개의 푯말이 나란히 붙어 있었다. 우리 두 사람은 이곳에서 시적영감을 얻고 아름다운 고향을 노래하면서 시인으로 함께 살아갈 것이다.

아무쪼록 강희석 시인의 문운이 더욱 융성, 주옥같은 작품들이 쏟아져 나오기를 기대하면서 독자들의 필독을 권한다.

2014년 3월 9일

서울 연희동 우거에서

■ 작가의 말

# 고창의 재발견에 작은 굄돌이 되고파

오십을 넘어서자 다시 목동이 되고 싶었다. 고향으로 돌아가고 싶었다. 목동으로 유년을 살았던 농촌 옛마을로 돌아가고 싶었다. 해 뜨면 일 나가고 해 지면 돌아와 쉼을 잊은 채 농사일하며 살았지만 집에는 할아버지 할머니부터 아버지 어머니 형제자매 아이들, 집집마다 식구들이 가득하게 살았던 흙냄새 풀풀 나는 고향 집에 다시 돌아가 살 수 있기를 바랐다.

희망은 꿈처럼 이루어졌다. 육십 넘어서야 의식의 저 밑바닥에 항상 자리한 본향으로 비로소 돌아왔다. 모든 것을 놓아 버렸을 때 희망은 이루어졌다. 도시에서의 화폐와 인연을 모두 놓아 버렸을 때 나는 갈 곳이 없었다. 쓸쓸하고 초라하고 한없이 무력함을 느끼면서 위로받을 것도 기댈 것도 없었다.

무의식적으로 무작정 발길이 향하는 곳은 고향이었다. 내 어린 시절을 살았던 농촌 옛마을이었다. 거기에 빈 가슴을 위로 받고 기댈 수 있는 것들이 아직은 있었다.

방장산 위에 아침마다 떠오르는 해, 성틀봉을 수북히 덮은 소나무 숲, 고향 마을의 늙은 느티나무, 인천강을 따라 날으는 백로들의 날갯짓, 인천강 따라 즐비한 검은 고인돌, 쇠매등의 늙은 소나무, 마당가에 감나무, 밤나무 고목 두 그루, 마을의 허리 굽은 할아버지 할머니, 내 어린 시절 보고 함께했던 모습들은 옛모습으로 나에게 아늑한 위로를 주었다.

지금 사는 것이 허망한 꿈이 아니기를 빈다. 어린 시절 암소 풀 먹이던 언덕에 돌아와 스코틀랜드의 목동처럼 목동의 노래를 부르고 있다. 가슴이 따뜻하여지고 머릿속에는 수십년 지난 아련한 수채화가 하나씩 하나씩 그려진다.

어린 시절 고향에서 무심코 보고 만났던 것들의 아름다움과 의미를 다시 찾아 보고 싶다. 방장산 성틀봉 인천강 쌍나발등 태봉, 무논의 황새와 동구 밖 느티나무, 그리고 무엇보다 "흙 속에 저 바람 속에" 힘을 다해 일생을 살았던 농부, 우리 선조의 마음을 찾아보고 싶다.

고창의 긴 역사 속에서 존재한 것들과 살아온 사람들을 사유한다. 나는 내 사유의 결정을 "귀향의 노래"라고 하였다. 부제로 "고창의 4계"라고 불러 보았다. 가슴속 저 밑바닥까지 울림을 주는 노래라도 한번 부르고 싶다. 내 노래가 감히 고창의 재발견 작업에 작은 굄돌이 되었으면 하는 바람이다.

이 둔한 서생이 그것들 참 의미를 찾을 수는 있을른지, 글로는 옮겨 볼 수 있을른지, 기원하며 기원하며, 그걸 하면서 고창을 지키며 남은 날을 살아가려 한다. 저 검은 고인돌 밑에 삼천년을 누가 잠자고 있는가. 지금 내가 하는 일이란 고창의 긴 역사를 이어온 얼굴 알 수 없는 사람들, 이름 알 수 없는 사람들과 그 사람들의 마음을 알아 보는 일이다.

흐트러진 글을 가다듬고 보살피어 수십 년간 책을 만들며 영혼을 모아 굽힘 없이 한 길을 걸어가는 을지출판공사 김효열 대표님과 직원들께 깊이 감사드립니다.

2014년 1월 30일

고향 옛집에서 강희석

# 차 례

## 제2부 여 름

## 제3부 가 을

## 제 4 부 겨울

## 제5부 살며 생각하며

# 제 1 부

# 봄

*우리는 차라리 들풀에게서*
*저 포기하지 않는*
*바윗덩어리도 밀고 오르는*
*푸른 투쟁을 배우자*

# 사월에는 부활하라

4월이면 들판으로 달려 보자
앞산에 너울너울 초록 잎사귀 춤바람 났다
산자락을 스쳐 가는 훈훈한 바람
잎사귀 뒷쪽을 하얗게 푸르게 뒤집으며
온 산은 푸르게 하얗게 춤바람 났다

저 광야에 저 들판에
4월은 따스한 햇볕
흙을 보드랍게 숨쉬게 하고
번득이는 강물 넉넉하게 흐르게 하고

이 훈훈한 봄바람 불어오는
생명이 살아나는 초록 같은 4월에는
나무와 꽃들이
일곱 가지 색깔로 부활하도다
웃음으로 춤추며 부활하도다

생명이여 일어나라
산이여 나무여 솟구쳐라
4월에는 오직 푸르름
오직 생명
오직 살아 있음을 생각하라

# 봄날 푸름을 먹다

봄비 적신 밭고랑에 앉아
도라지 새잎의 푸름을 보거나
완두콩 짙푸른 잎새를 보노라면
그 깊고 짙은 초록의 푸르름이라니
머릿속이 푸르러 버리고
마음속이 푸르러 버리고

봄날 밭고랑에서
푸름 먹고 푸름 먹고
하루만 밭고랑에서 푸름 먹고 나면
가슴속은 초록빛 푸름
마음속은 싱싱한 푸름
밥 먹지 않아도 가슴과 마음은
싱싱하게 푸르게 자라고 자라서
하늘을 덮어버릴 것이다

# 봄날 밭에서 땅 파다

고구마나 심어 볼까
햇볕 좋은 봄날
하루 종일 뒷밭 땅을 파 엎었다

어디서 왔을까
산에 사는 곤줄백이 두 마리
마을 부근에선 좀처럼 보기 힘든
배떼기 노란 곤줄백이
쉴 새 없이 머리 꼬리 돌리며 끄떡이며

참새도 두어 마리 바삐 움직이고
직박구리 한 마리는 멀찍이 살구나무에 앉아
파놓은 흙 위를 노려 보고 있다
봄날 땅 파는 날은
새들의 잔칫날이다

농부는 봄날에 땅을 파고
곤줄백이와 참새 직박구리는
살구나무와 흙 위를 오르내리며
지렁이나 굼벵이를 주워 먹고
나는 시간 가는 줄 모르고

봄날 하루 땅을 판다

수천 년간 산에서 밭에서
사람과 새는 이렇게 공생해 왔다

## 보래기와 달개비

나는 귀향하여 두어 해 농사짓고 있다
사람들이 수천수만 년
농사지으며 함께 살아온 흙
나도 이제 흙 속에서 땀을 흘린다

농사짓는 일은
밭 갈고 씨 뿌리고 거름 주고 풀 죽이는 일
농부는 몇 달 동안 힘을 다해 풀과 싸운다
농약을 치고 풀 뽑으며 뜯으며 자르며
다 잡아 죽이려 하지만
이 세상에 누구든 멸종을 당하고만 있던가

멸종, 어림도 없다
원자폭탄이 떨어진 자리에서도 쇠뜨기는 솟아난다
풀은 곡식보다 두 갑절 세 갑절 잘 자란다
그중에서도 제일 왕성하고 질긴 놈은
보래기와 달개비, 명아주

세 놈은 국방색 무장하고 달려드는데
보래기는 낮은 포복으로
달개비와 명아주는
꼿꼿이 서서 대포와 전차를 몰고

4~5개월 밤낮없이 몰려오는데
대항할 뾰쪽한 방법이 없다

누구든 멸종시킬 수는 없다 이 세상에
수천수만 년 누구든 멸종 당하지는 않았다
나는 차라리 보래기 달개비와 함께 살기로 했다
서로 살만큼은 살게 하고
서로 죽을 때까지 싸우지는 말자

힘은 좀 들더라도 함께 살아감이 좋다
그러니 농부여 풀 싸움에 힘을 다 빼지는 말고
차라리 남은 힘으로 노래나 부르자

# 자연의 약속

2월만 되어도 마음이 설렌다
양지쪽에 올라오는 파릇한 풀 싹들과
매화줄기에서 터지는 불그레한 꽃망울
울타리 밑에 솟구치는 노란 수선화를
기다리면서 하루하루 마음이 설렌다

3월 초가 되니
토방앞 섬돌 밑에
냉이며 개불알꽃 새끼들이 올라오고
열흘도 안되어 작은 보라색 꽃을 피운다
작은 꽃 위에 꿀벌 한 마리 한나절 나들이

기적같이 바로 그 자리 그때에
풀이며 꽃이며 꿀벌까지 찾아와
천년만년 이어온 만남의 약속을 지킨다

봄에 오는 꽃은 그리운 님이다
풀들과 꿀벌도 모두 님이다
봄이 오면 어김없이 찾아오는 님이다

봄이 오면 누구에게도
기약한 님은 한 번씩 찾아오느니

산중의 초부라도 얼음장을 헤치며
왜 마음 설레이지 않겠는가

자연은 저 검은 고인돌
수천년 변치 않는 얼굴 검은 고인돌처럼
만고불변의 약속을 지켜주나니
우리는 너무 황홀에만 빠지지 말고
겸허한 마음으로
뼈속까지 겸허한 마음으로
깊이 깊이 자연을 섬길 일이다

# 옛집

4월도 중순인데
간밤에 무서리

살구꽃은 지고
마당가에 장다리 노란 꽃

몇 년 만에 찾아온
제비 두 마리 반갑다
처마 밑을 몇 번씩
둘러보고 날아간다

이제 쟁기 지고
소 몰고 가는 일꾼만 있으면
60년쯤 돌아가
할머니 무릎에 누워
단잠이라도 잘 텐데

# 봄비

간밤에 얌전하게 봄비 왔다
낙숫물 소리도 감추고

아침에 앞산과 들판을 본다
새색시 감은 머릿결처럼
나무들 싱싱하고 풋풋하다

어제 심은 고구마 순
촉촉한 봄비에 잘살 것 같다

뻐꾸기 소리 더욱 맑다
농부의 마음 넘실넘실 넘친다

# 님은 땅속에서 솟아오른다

눈바람 동토 뒤집어쓰고서도
2월은 항상 기다림으로 견딜만 했다
스무 날 서른 날만 견디면
무수한 님을 만날 수 있기 때문이다

님은 다 어디에 가 있었던가
2월이 끝나갈 즈음이면
양지녘에 솟아오르는 님 님 님
무슨 님이 이리도 걷잡을 수 없이
봄날이면 나를 끌어들이는가
그 푸른 님들
연분홍 연분홍 노랑 연노랑

3월엔 무수한 님들이 나를 둘러싸고
나는 그 무수한 연푸른 잎을 마시며
무수한 황홀한 꽃을 마시며
천지에 가득한 향기에 취해
하늘을 떠돌기도 하고
물결 위에 누워 떠다니기도 한다

봄은 소리도 없이 바람도 없이
보지도 못하게 듣지도 못하게

가만히 땅속에서 솟아오르고
그러나 봄은 또 듣지도 못하게
보지도 못하게 간다

그리고 숱한 날이 가면
그 무수한 님들도 땅속으로 돌아간다
모두가 돌아간 후
겨울이 지나고 어느 봄날
다시 부활하는 나의 님들이여

우리도 자연과 한몸인 것을
땅속에 들었다가 새싹 따라
님과 함께 부활할 수는 없을까

# 푸른 투쟁

나는 봄날 날마다
밭두둑에 쪼그리고 앉아
풀을 뽑는다
감자밭 도라지밭 풀을 뽑는다

괭이로 캐고 삽으로 잘라도
멸하지 않고 몇 번씩이든지 다시
쳐들고 일어나는
저 푸른 초록의 돌출
저 푸르디푸른 생명의 투쟁

감자나 도라지 같은
우리의 곡식 새끼나
저 끈질기게 솟구치는
들풀의 새끼들에게
나는 날마다 무릎 꿇고
외경하고 있다
저 푸름의 보이지 않는 힘,
국방색 투쟁
후손과 나라의
푸른 영속을 위한 목숨 바침

이 세상에서
우리는 공존할 수밖에 없다
우리가 아무리 뽑고 잘라도 땅은
들풀에게도 생명을 잇게 하는
영원한 힘을 주고 있으니

우리는 차라리 들풀에게서
저 포기하지 않는
바윗덩어리도 밀고 오르는
푸른 투쟁을 배우자

푸름 속에서는 우리가
이 세상에 멸하지 않고
영원히 푸르게 살아갈 수 있는
생명을 얻을 수 있으니

# 역사는 밤에 이루어진다

꽃이 피어나는 걸 보고 싶다
텔레비전에서 디지털로 순식간에
꽃잎이 부풀고 피어나는 것을 보았다
그처럼 나무에서 줄기에서
꽃이 피어나는 것을
나무 앞에서 줄기 앞에서 보고 싶다

봄날에 고추 여린 줄기 심었다
보름이나 지났을까 흰꽃 하나 둘 피었다
피어나는 꽃을 디지털로 보려고
고추나무 앞에 한나절 앉아 있었다
고추는 나에게 꽃이 핌을 보여 주지 않았다

다음 날 아침 고추밭에 나가보니
고추 흰꽃은 더 많이 피어 달려 있었다
고추 꽃 피고 나서 이레나 지났을까
작은 고추 새끼 달렸다
나는 고추 새끼 맺히는 걸 보려고
또 한나절을 고추나무 앞에 앉아 있었다
고추는 나에게 열매 맺음을 보여 주지 않았다

줄기 짙푸른 완두콩도

어느날 아침 흰꽃을 주렁주렁 보여 주었지만
낮에는 흰꽃이 피어나거나
열매 맺음을 보여 주지 않았다

꽃피고 열매 맺음을 모두 밤에 준비하고
아침에 한꺼번에 보여 주는
생명을 잉태하는 밤

우리도 밤에 부부가
교합하여 생명을 잉태하지 않는가
아무에게도 보여 주지 않고
밤에 교합하고 잉태하고

역사는 밤에 이루어진다
나무는 밤에
꽃을 피우고 열매를 맺고
우리는 밤에 생명을 잉태하고

# 그게 행복이다

저 봄볕 따스한
양지녘 밭 언덕에 올라오는
노오란 수선화나 하루 종일
바라볼 수 있다면

마을 앞 느티나무
저 무성한 초록 잎사귀
출렁이는 잎사귀 바다 속에서
밀려오는 잎사귀 해일 속에서
솜털 뭉게구름 속에 묻힐 수만 있다면

추석 같은 깊어가는 가을밤에
귀뚜라미 우는 뒤안 뜰에서
둥근 달을 안고
밤새도록 둥근 달을 안고
서쪽으로 서쪽으로 구름 헤치며
먼먼 나라로 흘러갈 수만 있다면

아 그리고
흰 눈 맞으며 맞으며
들판이고 숲이고

고요한 숲이고 비탈진 언덕이라도
노루와 같이 산길 들길
하루 뛰어 봤으면

아 그게 행복이다

# 자연은 환생하건만

꽃은 피고 잎은 초록으로 무성하고
알알이 열매 맺고 잎사귀 떨구고 쉬었다가
눈감고 움츠린 채 쉬었다가
다시 꽃피는 봄을 기다린다

한해 한해 계절을 바라보면 자연은
그렇게 한 바퀴 돌아서 온다
그렇게 끝없이 돌아오는 것이 자연이다
그러나 봄은 언제나 시작이다
겨울에 죽었다가 다시 일어나는 환생이다

사람도 계절처럼 돌아올 수는 없는가
봄 여름에 분홍 초록으로 살다가
가을에는 햇볕을 오롯이 모아 심장을 돋우고
겨울에는 웅크리고 눈감은 채
두세 달 죽어도 서럽지 않으리
봄에 따스한 햇볕 받으며
환생할 수 있다면

우리도 자연이 되자
나무가 되고 풀이 되자
산이 되고 강이 되자

자연 속의 무엇 하나가 되자
그래서 자연과 같이 끝없이 흐르면서
환생하는 자연 속의
무엇 하나가 되자

# 모란의 정진

3월 햇볕 따뜻한 봄날
양지녘에서 새끼 손가락처럼 솟구치는
모란의 연약한 그러나
흙덩이 돌덩이를 밀고 오르는
부드러운 새싹의 봉오리를 보고 있노라면
오랜 세월 내 몸을 누르고 있는
흙덩이를 밀고
나도 솟구치고 싶다

한세상 품은 뜻을
꽃으로 피워 하늘에 펼치고
한세상 밝게 아름답게
한몫을 하려고
겨울 동안 땅속에서 붉은 색을 모으고
어느 봄날 자그만 싹을 밀어 올리고는
봄날 하루하루 두어 달이나
그 발그레한 새색시 볼처럼 불그런
꽃의 한바탕 펼침을 향하여
쉬임없이 올라오는 불굴의 정진

모란의 정진이고 싶다
사그라져 가는 이 몸
이제 모란의 정진이고 싶다

# 제 2 부

# 여름

*온통 다 벌거벗은 채로*
*여름날 저 이글거리는 불덩이 앞에*
*우리 모두 벌거숭이로 서 있는 건*
*햇볕의 노예가 되어*
*일을 해야 하기 때문이다*

## 복분자와 풍천장어

내 고장 6월은
핏빛 복분자 검붉게 익어가고
그 검은 알맹이 속 핏덩어리
오, 피를 주는 복분자
산천은 달작지근한 피 냄새
복분자 너의 피로써
죽은 사람을 살리노니
화랑이여 복분자를 먹으라
국군이여 복분자를 먹으라

선운산 자락에서 질마재에서
복분자는 핏빛으로 익어가고
장수강 강물 따라 핏물은 흘러가고
복분자 피를 삼킨 풍천장어

오, 피를 주는 복분자
복분자 피비린내 나는 풍천장어
막힌 탯줄도 열게 하나니
아내여, 기막힌 아내여
복분자 풍천장어의 힘으로
연개소문을 낳으라
강감찬을 낳으라

# 한밤중의 낙숫물 소리

천둥소리에 잠을 깨어 보니
번갯불이 유리창 밖으로
번쩍번쩍 지나간다
아, 그리고 낙숫물 소리
들려오는 작은 낙숫물 소리
새벽 3시에 들려오는 낙숫물 소리

7~8월 한 달도 넘게
불덩어리만 이글이글 타오르고
나무들과 곡식들은 타 들어가고
아버지 등골도 목줄도 까맣게 타버리고

얼마만이냐 낙숫물소리
천지를 울리는 우람한 천둥소리
번쩍 번쩍
어둠을 뚫고 가는 번갯불
그리고 떨어지는 낙숫물 소리

하늘은 끝내 새벽 세 시에
아버지 타는 목마름을 채워 주었다
끝내 아버지를
쓰러뜨리지는 않았다

# 농가의 여름 한낮

뜨끈뜨끈한 여름 한낮
마당가 울타리를 타고
오이 줄기 하나 기어오른다

앞집 담장 너머 장독대에
키다리 분홍빛 접시꽃
뜨거운 하늘 아래 땀도 없이 웃고 있다

열 살 적 유년이던 이런 날 나는
뒤안 처마 밑 그늘 땅바닥에 주저앉아
수만의 군사들 행진을 지켜보며
한나절씩 보내곤 했다

끝없는 행진을 보는 게 지루해지면
나는 고무신으로 군인들의 가는 길을
가로막기도 했는데
그러면 군인들은 그 고무신 둘레를 돌아
또 끝없이 행진을 계속했다

뜨끈뜨끈하게 고요한 하늘 속에
오이 줄기는 기어오르고 접시꽃은
온종일 접시 같은 납작한 웃음을 보내고

나는 온종일 개미들의
군사 행진을 지휘하며
여름 한낮을 보내곤 했다

# 내 열 살 무렵

아버지는 앞 들판에 쟁기질 나가시고
어머니는 솔 너머 밭에 콩밭 매러 가시고
할머니는 마루에서 무릎 세우고
침발라 문질러 모시 삼으며
뜨거운 6월은 깊어만 갔는데

뜨거운 햇볕은 초가 지붕도 달구고
흙 담벼락도 달구어
마을이 온통 후끈후끈 했는데
나는 시정 올라가는 길가 울타리속
아름드리 팽나무 몸통 움푹 패인 구멍 속에
우글우글 붙어있던 풍뎅이 몇 마리를 잡아
날개는 떼어내고 머리를 비틀어
땅바닥에 놓으면 한참동안이나 빙빙 돌며
웅웅거리는 것을 보면서
뜨거움도 시장기도 잊고 한나절씩 보냈다

밭 울타리 나뭇가지 끝에는
쌀잠자리 보리잠자리가 잘 앉았는데
그걸 잡기는 하늘의 별 따기였다
숨소리 발자국소리 죽이며 살금살금 다가가도
꽁무니 잡기 직전에 여지없이 날아가 버렸다

잠자리만 쫓아 다니다가
땀만 찍찍 흘리며 한나절씩 보냈다

그때 나는 자유당이 무슨 일 하는지도 몰랐고
그래도 밤에는 호롱불 밑에서
책을 읽으며 휘황찬란한 도시를 꿈꿨다

# 뜨거운 사랑으로 익는다

이렇게 등짝이 후끈거리고
몸은 온통 열받아
속이 뉘얼뉘얼하고
나나 고추나무나
후줄근히 시들시들해지고
금방 말라 죽을 듯이 시들어 가도
8월의 태양은
두어 달 우릴 달구고 있다

해가 서산에 걸리고 그늘이 내리면
나나 고추나무들은 조금씩 숨을 내쉬고
타는 갈증이라도 풀고
열기라도 조금 식혀 보려고
물 한 모금 찾는다

너무 뜨거워 몸이 타 들어가도
곡식만은 뜨거울수록
짱짱하게 익는다는 것을 압니다
8월까지 두어 달 용광로 담금질
우리 죽음 앞에 쓰러지더라도
뜨거운 사랑으로 짱짱하게 익게 하려는
위대한 당신의 뜨거운 사랑을 압니다

8월은
열매를 뜨겁게 뜨겁게 익혀 가지만
우린 당신의 뜨거운 사랑에
너무 연약합니다
열매는 익게 하시고 우릴 태우지는 마세요

오 위대한 당신
8월의 하늘이여
이제 우리가 견딜 수 있을 만큼만
사랑의 온도를 내려 주세요
이제 조금은 식힐 때가 되었습니다
이제 비를 내려 주세요

# 내 고향 7월은

4월에 심은 옥수수 오늘 거둔다
쪼록쪼록 잘익은 놈은 까치가 파 먹었다
까치는 몇 달 동안
깍깍 노래하며 자람을 도왔다
그러니 까치도 함께 먹어야지
화내지 말자 우리는 하나다

하루마다 한 뼘씩 하늘로 오르는 동부콩
뒤뜰 언덕을 성큼성큼 오르는 칡넝쿨 줄기
둘이서 서로 감고 엉켜
갈등이라 하지만
서로 안고 꽃피고 마음대로 뻗어가는
제 갈길 가지만
더불어 사는 공생을 본다

저 들판에 가득한 벼포기 쑥쑥 일어나고
고추는 하루마다 붉고 또 붉어 가네
감 대추 초록 열매 날마다 굵어지고
칡넝쿨 뒤에 도라지꽃
칡넝쿨 뒤에 하이얀 도라지꽃
뻐꾸기는 너무 뜨거워 울음을 멈추었다

저 시뻘건 햇덩이 두 달 세 달
뜨끈뜨끈한 불덩이로 내려온다
아버지 등줄기 시커멓게 익어가고
어머니 콩밭에서 목줄기 타들어도
들판에 벼이삭 알알이 익어가고
콩들이 푸르게 둥글게
영글어 가지 않느냐

그러나 하루 해가 저물고
산너머 한줄기 바람만 불어 준다면
익었던 등골도 목줄기도 잊고
우리는 뜨거운
희망의 노래를 부르리라

# 하늘을 노(怒)하게 하지 말라

8월까지도 한 달 넘게
소나기 한 번 없이
저 시뻘건 불덩어리는
이글이글 타고 있다

들판에서 언덕에서
곡식과 나무가 타 들어가고 있다
농부의 등골과 목줄이 타고 있다

누가 하늘을 노(怒)하게 하는가
우리 서로 죽이는 일은 하지 말자

그동안 풀들과 나무도 무참히 죽고
강아지도 물고기도 너무 죽었다
맹독성 농약과 무자비한 살육
누구든 같이 살아야 할 생명인데

풀이든 벌레든 멸종시키려 하지 마라
그들은 그들대로
얼마큼의 삶을 받은 것이다
하늘은 누구라도 어울려 살아가도록
온종일 모두에게 빛을 비추이고 있다

나무와 벌레와 이끼와 짐승들이
모두 함께 어울려 사는
숲의 평화를 생각한다
풀은 풀만큼 새는 새만큼
물고기는 물고기만큼
사는 땅을 하늘이 준 것이니
사람이 온통 모든 땅의 주인이 아님을
지금 우리는 알아야 한다

8월의 저 하늘이 우리에게
한 달 동안이나
시뻘건 불덩이를 태우고
한 방울의 빗물도 내리지 않는 것은
하늘이 사람에게
격노(激怒)하고 있다는 것을
우리는 알아야 한다

# 칡넝쿨 아궁이 속에 들어가다

7월이 되면 뒤안 언덕에서
칡넝쿨 몇 발씩 기어 내려와
시커먼 바라지 틈 사이로
바라지 삐그덕 소리도 없이
가만히 가만히 기어 들어와
어머니 밥 지을 때마다
불 때던 아궁이 속으로 들어간다

하루에 밥 세 번은 기본
밥먹고 뒤돌아서면 또 밥해야 하고
가끔은 떡 찌고 메주 쑤며
일년 내내 불 때던 아궁이
어머니 살아 계실 땐
아궁이 너무 뜨거워
칡넝쿨은 정지 문턱도 넘지 못했다

어머니 떠난 이후 몇 년째
이제는 칡넝쿨
마음 놓고 정지 문턱 넘어
시커먼 아궁이 속으로 들어가고 있다

무엇이 궁금하여 몇 년이나 칡넝쿨
빈집 아궁이 속을 뒤지고 있나
궁금증 풀려면 몇 년이나 걸릴까

# 저 불덩어리를 어찌하나

한 달째 소나기 한줄금도 없다
감나무 잎도 동부콩 잎도 시들시들하다
정말이지
저 미워할 수 없는 불덩어리를 어찌하나

저 불덩어리가 수천수만 년
우리 할아버지 할머니를
그리고 지금 우리까지 먹여 살리고 있으니
내 등골이 익고 목줄이 타들어도
우린 저 불덩어리를 사랑할 수밖에 없다

오늘은 문수산 위에 뭉게구름이라도
한번 피어 올라라
무지개는 황홀하게 피었다만
그냥 아름다움 그뿐
빗방울도 가져오지 못하고
이제는 소나기라도 뭉게구름이라도
너 참 우리에게 한번 오너라

그러나 우리는 알아야 한다
저 뜨거운 열기를 오롯이 끌어 안고
그 뜨거움에 몸부림치고

잎사귀마저 시들시들 타 들어가면서
들판의 곡식은 묵묵히 익어간다는 것을

저 불덩이가 아무리 뜨거울지라도
곡식은 그 속에서 익어 가고
저 불덩이가 아무리 뜨거울지라도
생명이 끌어 올릴 물은 흙 속에 남겨 놓나니

저 불덩이가 죽일 듯이 시련을 줄지라도
우리는 그 불덩이를 안고 살아야 한다
그리고 우리 목숨이 살아 있는 한
우리는 저 불덩이를 사랑할 수밖에 없다

# 우리는 햇볕의 노예가 되어야 한다

나무를 키우고 꽃을 피우기 위하여
곡식을 키우고 열매를 익히기 위하여
뜨거운 햇볕은 꼭 비추어야 하지만
가끔은 햇볕 가려 주는
뭉게구름이 있어야 하고
가끔은 들판을 스쳐 가는
바람도 한줄기 있어야 하고
그리고 후끈후끈한 오뉴월 한낮엔
가끔은 소나기도 한바탕 쏟아져야
사람도 곡식도 숨을 쉴 수 있다

온통 다 벌거벗은 채로
여름날 저 이글거리는 불덩이 앞에
우리 모두 벌거숭이로 서 있는 건
햇볕의 노예가 되어
일을 해야 하기 때문이다

우리 모두는 저 뜨거운 햇볕의
노예가 되어야 한다
태초에서부터 천지가 끝나는 날까지
우리 모두는 햇볕의 비추임 속에서

무궁토록 살아가기 위하여
햇볕의 노예가 되어야 한다
사람도 나무도 양식을 얻기 위하여
우리 모두는 햇볕의 노예가 되어야 한다

# 성하(盛夏)의 고독

8월의 한낮
태양은 녹아 내리고
농가의 뒤안길
하늘 고요
칡넝쿨 푸르게
칡넝쿨 푸르게 뻗어
도라지 하얀 꽃
도라지 보라꽃

# 볼라벤, 우릴 살려 주세요

볼라벤, 당신
정말 우릴 날려 버릴 셈인가요
전봇대도 앞산의 봉우리도 흔들리네요
앞산의 늙은 소나무 몇 그루 꺾어졌네요
마당가 울타리 동부콩 넝쿨도 넘어뜨리고
아이 주먹만 한 땡감 모조리 떨구었어요

막 붉어가는 고추나무 모조리 쓰러뜨리고
온 동네 비닐하우스 천장도 날려버리고
지난 봄과 여름
온몸 지치도록 바친 우리 땀과 노동을
당신은 무참히도 쓸어 버리는군요

당신은 다리도 없이 저리 빨리 달려가고
당신은 날개도 없이 저리 빨리 날아가고
우리가 무슨 힘으로 그 바람을 붙잡고
제발 용서해달라고 빌어 볼까요
우린 아무 힘도 없어요
늘상 살기 어려울 때면
오직 하늘과 땅에게 빌어 볼 뿐이에요

우리에게서 모든 것 거두어 갈 건가요
우릴 정말 서쪽 바다로 날려 보낼 셈인가요
하늘이 당신에게 그리하라고
당신을 사자로 보낸 건가요
그러면 이 땅에 누굴 살릴 셈인가요

볼라벤
우린 봄 여름 열심히 일했어요
이제 가을만 일하면
우리는 겨울을 날 수 있는 곡식을 거두어요
그러나 당신이 흐트려 논 황폐한 들판에서
우리는 쓰러진 고추나무를 세우고
동부콩 끊어진 넝쿨도 다시 추슬러 올려
남은 줄기로라도 몇 알의 곡식을 거두어야 해요

볼라벤, 이제 노여움을 가라앉히세요
우린 내일부터 더 겸허하게
하늘을 우러르고 땅에 엎드려 기도하겠어요
아니 오늘부터 당신 맘에 들도록
모두 사랑하며 손에 손을 잡고 갈 거에요
이제 우리 하늘을 노(怒)하지 않게 하겠어요

(주) 2012년 8월 28일 서해안에 광풍노도 볼라벤이 몰아닥쳤다. 300년 노송도 뿌리째 뽑아버리고 온 들판의 곡식을 쓰러뜨리고 과일나무 열매를 모조리 떨어뜨렸다. 사람은 자연의 재해 앞에 무력함을 다시 느낀다. 그러나 인간은 수천수만 년 크나큰 재해에 절망하지 않고 넘어진 나무를 다시 일으켜 세우며 겸허하게 자연의 가르침을 받아들이며 살아왔다. 자연과 싸워서는 이길 수 없다. 자연에 끊임없이 감사해야 한다. 하늘은 우리에게 시련을 주지만 인간을 이 땅에서 아주 쫓아내지는 않으리라 믿는다.

# 태풍 지나간 질마재 들판에서

볼라벤 광풍이 사납게 지나간 오후
추석을 앞둔 들판의 벼들은 쓰러진 채
살아 남은 몇 알 이삭을 익히려고
따사로운 햇볕을 마구 빨아들이고 있다

변산 산맥의 저 수수한 수십 개의 봉우리를
폭풍의 광포한 바람 속에서도 지켜낸
떡갈나무 상수리나무 형제들 오늘은
바람에 잎사귀를 하얗게 뒤집으며 몸을 말린다
장수강의 학들은
폭풍우에 떠밀리며 며칠씩 밤을 지샜으니
보송보송 마른 그 떡갈나무 숲에 날아가
오늘 밤은 보송보송 편히 자거라

태풍에 곡식들 쓰러지고
추수마저 빼앗긴 황폐한 들판에서
허망한 가을을 보고 있다 그러나
변산의 봉우리들을 지키는 저 검푸른 숲과
질마재 등판을 지키는 저 든든한 소요산을
오늘 눈부시게 비추는 석양의 햇살이 있기에
가난한 가슴을 덥혀주는 훈훈한 황금빛 햇살

서쪽 하늘 온통 채워 버린 황금빛 햇살이 있기에
우리는 다시 희망을 줍는다

(주) 2012년 8월 28일 전라도 서해안 지방에 광풍노도 무시무시한 태풍 볼라벤이 몰아닥쳤다. 수백 년 지켜온 고목들이 송두리째 뽑히고 오래된 집들의 지붕이 무수히 날아갔다. 그 광포한 폭풍이 지나간 오후 눈부신 석양은 여전히 비추이고 바다 건너 산들은 봉우리들을 그대로 지키고 있다.

# 아름다운 동행

7, 8월엔 풀이나 곡식이
어찌나 빨리 자라는지
예닐곱 날 집을 떠났다가 돌아오면
뒤뜰로 가는 밭길에는
고구마 줄기 동부콩 줄기가 마음대로 뻗어가고
칡넝쿨까지 같이 뻗어와
길을 막고 부지런히 건너가고 있다

너의 자유를 너의 가려는 의지를
꺾고 싶진 않지만 그 길은
나도 늘상 밭에 다니는 길이기에
나는 넝쿨을 들어 길가로 조금 옮겨 놓고
나도 다닐 수 있는 작은 길을 찾았다

그전엔 내가 혼자서 다니던 길이지만
여름에는 길 바쁜 넝쿨들에게
넉넉히 비켜 주며
넝쿨과 내가 같이 걸어가는
아름다운 공존
아름다운 동행

# 제 3 부

# 가 을

*나 또한 가을 들판에 서서*
*세월을 흘러 보내고 있다*
*천 년을 이어 몇천 년을 이어*
*나의 뒤에 누군가도 가을 들판에 서서*
*또 끝없이 끝없이 세월을 흘러 보낼 것이다*

# 빈 들판에 서서

다시 세월이 저물어 가는
가을 들판에 선다
가을은 왜 우리를 사념에 빠지게 하는가
저 끝없는 아득한 사념에

기러기 떼지어 북으로 날아갈 때
아버지는 벼 거둔 들판에서
떨어진 벼 이삭을 또 줍고 있었지

늦가을 무서리에 풀잎은 다 말라가고
들국화가 드문드문 쓸쓸하게 흔들릴 때
바람 스산한 언덕 밭에서 어머니는
콩대 거둔 밭고랑에서
땅에 떨어진 검은콩을 또 줍고 있었지

내가 이제 들판에 서서
떨어진 벼 이삭 하나에
허리 구부린 아버지 얼굴을 본다
내가 이제 언덕 밭에 올라
밭고랑에 떨어진 검은콩 하나에서
세월에 눌린 어머니 얼굴을 떠올린다

어찌 우리에게 그리운 사람은
사랑하는 女人과 男人 뿐이겠는가
세월 저무는 가을 들판에 서면
아버지 어머니 너무 그립다

천 년이나 몇천 년이나
아버지나 할아버지는 가을 들판에서
나락을 거두면서 세월은 흘러갔고
천 년이나 몇천 년이나
어머니나 할머니는 가을 밭 언덕에서
콩 팥을 주우면서 세월은 흘러갔고

나 또한 가을 들판에 서서
세월을 흘러 보내고 있다
천 년을 이어 몇천 년을 이어
나의 뒤에 누군가도 가을 들판에 서서
또 끝없이 끝없이 세월을 흘러 보낼 것이다

# 가을은 무엇으로 오는가

가을은 소리로 온다
하늘을 볼 때도 들판을 볼 때도
어둠 속에서 별을 볼 때도
끝없이 울려오는
귀뚜라미 소리
환청같이
끊이지 않는 귀뚜라미 소리

가을은 빛깔로 온다
누릇누릇
불긋불긋
산이고 들판이고
햇볕에 익고 바람에 마르고
찾을 수 없는 색깔
그 오묘한 색깔
처연히 생각 깊어지게 하는
그 가슴 서늘한 홍엽으로 온다

가을은
가만히 온다
소리 내지 않고 온다
하룻밤 지내고 나무 옆을 지나다 보면

밤새 소리 없이
누구도 눈치채지 못하게 조금씩 물들고
한 열흘 지나 나무 옆에 서면
붉은 색 붉은 색
소리 없는 홍엽으로 가만히 온다

# 가을 햇볕을 한 아름 안아서

10월 앞산에 소나무 검푸르다
하늘 끝없이 끝없이 파랗게
저 멀리멀리 끝없이 멀어져 가고
파란 햇볕 따끈하게 쏟아져 내린다
이 눈부시게 따끈따끈한 햇볕을
이 황홀하게 하늘 가득한 햇볕을
한 아름 안으러 나는 하늘 속으로 들어간다

가을 나의 뜰엔
늦고추도 부지런히 붉어가고
수숫대 위에 고추잠자리 흰나비
이 눈부시게 따끈한 햇볕
머릿속까지 보송보송 날아갈 듯
넘치는 이 가을 햇볕은 며칠을 갈 것인가
마당에 가득한 가을 햇볕을 한 아름 안아
잠자리 나비에게 주자

여뀌 풀꽃 여뀌 풀꽃
순이 열두 살 때 블라우스 꽃무늬
그 여뀌풀 꽃무더기 위에서
잠자리 나비는 날개 밑에 햇볕을 모은다
이 눈부시게 희고 고요한

따끈한 가을 햇볕 한 아름을 열두 살 때
여뀌꽃 무늬 블라우스 입은
순이에게도 주자

# 이 좋은 햇볕을 어쩌나

저 끝없이 고요한 하늘
저 멀리멀리 파란 가을 하늘
저 먼 산 짙은 초록
모시잎 송편 빛깔 검푸른 수풀
서늘한 작은 바람도 불고
쏟아지는 눈부신 햇볕
이마에도 따끈따끈한 파란 햇볕
이 좋은 햇볕을 어쩌나

온몸이 보송보송 말라
목화솜처럼 하얗게 부풀어 올라
아 그 햇살 속으로 햇살 속으로
하늘 속으로 들어가고 싶다

이 좋은 가을 햇볕을
열 가마 백 가마 가마니에 담아
저 두꺼운 솜이불에 묻어 두었다가
찬바람 불고 으스스 추운 날
아버지 요위에 내려 놓고
어머니 홑이불 속에 불어 넣고
나는 그 요 밑에 손이나 밀어 넣고

# 가을을 떠나며

햇볕도 온기를 잃고
하늘도 으스스 서늘한데
빈 들판에 서늘한 바람이 지나가네

소요산에 나무들 잎은 마르고
산속은 누른 듯 붉은 듯 고요하구나
석양에 산그림자 내리니
빈 신작로에 나혼자 쓸쓸하구나

햇볕도 나뭇잎도 바람도
가을을 떠나는가
우리 모두는 영영 가을을 떠나는가
모두가 가을을 떠난 후에
산에 들에
누가 오기는 오는가

# 풀밭의 교향곡

9월 이른 아침
뒷 언덕 풀밭에 나가면
이슬에 젖은 풀숲에서
들려오는 현란한 음악

귀뚜라미 뚜르뚜르
풀여치 찌르찌르 씨르륵 씨르륵
철써기 찰가닥 찰가닥
방울벌레 리잉 리잉 리잉

우리 누가 그 노래 연주할 수 있을까
날개를 떨고 비비고
배를 두드리고 쥐어짜고
꼬리를 올리고 내리고
악기도 없이 온몸으로 연주하는 교향곡

9월 한 달 동안이나 울려 퍼지고
밤낮없이 울려 퍼지고
방에서도 차 속에서도
그 음악 환청처럼 울려 퍼지고

보이지 않는 악사들
풀숲에서
교향곡은 쉬임없이 울려 나오고
우리 이제 아침 풀밭에 올라
날마다 이슬이나 젖으며
풀밭의 교향곡이나 부르자

# 추석(秋夕)

아침 저녁 서늘하고
한낮에는 따끈따끈하고
몸은 이리도 살랑살랑 시원하고
마음은 가득히 차올라 따숩고 뿌듯하고

벼는 누릇누릇 불에 익는다 (秋 : 禾 -> 火)
보름달은 가득히 통통하게 차오른다 (夕)
알밤은 툭툭 떨어지고
대추알 자줏빛으로 물드는 햇볕 좋은 날
오후에는 어머니와 누님이 송편을 빚고
골목에는 흩어져 살던 아이들이
시끌시끌 몰려 온다
닭 우는 소리마저 없는
조용한 마을 길이 오랜만에 훈훈하다

아 상쾌한 바람이여 하늘이여
마음도 마냥 부푸는
하이얀 보름 달밤이여
아이 볼은 통통하게 살이라도 올라라
농부 마음은 꿈꾸는 듯 술취한 듯
한 번 얼큰하게 가득하게 익어버려라

이렇게 옹골지고 가슴 뿌듯한 날은

(참고) (秋 : 禾 벼, 火 불에 익는다)
(夕 : 추석날 밤 보름달은 이 세상에서 가장 풍성하다 )

## 죽는 것은 익는 것이다

5월 따스한 햇볕 아래
짙푸르게 뻗어가던 완두콩 줄기도
6월에는 주렁주렁 열매를 맺어 놓고는
잎사귀도 줄기도 누렇게 죽어 갔다

6월 뜨거운 햇볕 아래
하늘로 하늘로 올라가던 옥수수는
7월에는 누렇게 수염을 늘어뜨리고
흰색 자주색 알맹이들을 알알이 박아놓고는
키다리 줄기마저 누렇게 죽어 갔다

곡식이 익는다는 것은
몸은 죽는 것이다
다시 살아올 수 있는 혼만 남기고

어디 이 세상에 누구든
죽지 않고 살아 남을 수 있는가

곡식은 몸을 죽이고
혼은 씨앗속에 남아서
땅속에서 다시 부활한다

우리도 몸은 죽지만
혼은 돌아올 것이다
누구도 알 수 없는 하늘 어딘가에

# 질마재 가을 들판에서

할 수 없이 또 가을입니다
해 질 녘 선운산을 넘어가며
온통 뿌려대는 그 황홀한 햇살도
서늘한 가을입니다

바다와 끝닿은 질마재 들판
벼는 익어서 가을은 왔는데도
소요산 수풀 속 초록은 한창입니다

올 한 해도 저 들판에
힘써 논 갈고 씨 뿌렸습니다
이제 하늘이 보살핀 곡식을 거두려 합니다
그러나 우리 허리도 더욱 굽었겠지요

머지않아 소요산의 나뭇잎도 마르고
빈 들판에 스산한 바람이 불면
뻘밭에서 온종일 떨고 서 있을
장수강의 백로를 생각해야 합니다

이제 장수강이 얼어 붙기 전에
허기진 기다림에 목 구부러진 백로가
허기라도 채우고

긴 겨울 동면에 들도록
숭어 떼라도 몰아주어야 합니다
그리고 그 백로의 날개쭉지를 덮어줄
따스한 사랑을 생각해야 합니다

# 콩알을 주우며

콩대 콩깍지 부스러기 검불 속에서
검은 콩알 하나를 골라낸다

늦가을 콩대를 베어
노루꼬리 만큼이라도 햇볕이 있으면
덕석 위에 말리고
아버지는 도리깨로 한나절을 두드린다
11월에도 12월 초에도
햇볕만 쨍쨍하면 몇 번씩 두드린다

6월에 어머니는 콩 심었다
풀매고 콩밭에서
두 달 세 달 삼베적삼을
땀에 젖어 흥건히 땀에 젖어
불덩어리 같은 여름을 땀에 젖어 살았다

부러진 콩대 익다만 콩깍지
풀잎 줄기까지 뒤섞여
검불인지 티끌인지 부스러기 한 아름
아버지는 마지막 한 알까지 얻으려
부스러진 콩대 두드리고 또 두드려
잡동사니 콩대 콩깍지 부스러기 속에서

한 알의 콩알을 골라낸다

검은콩 한 알을 집어 들고
덕석에서 튀어나간 쥐눈이콩
반짝이는 쥐눈이
검은콩 한 알을 집어들고
아버지 굽은 허리를 생각한다
땀에 젖은 어머니
삼베적삼을 생각한다

# 9월의 유산

8월에 그토록 뜨겁던 햇살도
오는 계절에 한 발 물러났다
그러나 곡식을 익혀야 하는
하늘의 사역은 결코 저버릴 수 없어
한낮에는 두어 달 더 따가운 햇살 있어야지

마당앞 텃밭에 고추 열매들
자고 나면 아침마다 붉어지고
주렁주렁 가슴을 채우는 빨간 충만함
어머니 당신이 주신 유산입니다
9월이 되면 해마다 당신이 주시는
이마에 땀방울 솟게 하는
맵고 빨간 유산입니다

뒤안 언덕에 아름드리 밤나무 송이들
자고 나면 아침마다 두어 됫박씩 빠지고
알알이 가슴에 쌓이는 밤색 충만함
아버지 당신이 주신 유산입니다
9월이 되면 해마다 당신이 주시는
따뜻한 목도리 같은
짙은 밤색 유산입니다

제 4 부

# 겨울

*우리는 때때로 떠나야 한다*
*그러나 우리는*
*저 순환하는 달과 별처럼*
*겨울밤에도 추위에 떨지 않고 흐르면서*
*한 달에 한 번씩이라도*
*마을에 돌아올 수는 없을까*

# 겨울밤엔 떠나지 마라
## -어느 죽음 앞에서

이렇게 길바닥마저
쩌렁쩌렁 얼어붙은 겨울밤엔
산 자나 죽은 자나
떠나지 마라 겨울밤엔

이 차디찬 땅바닥 위에서나
저 차가운 땅 구덩이 속에서나
우리가 얼어붙어서야 되겠는가

오늘 밤 당숙의 장례식장에서 나와
밤하늘을 올려 보며
걷고 있을 적에
달은 구름에 가렸다가 나오기도 하고
그 몇 걸음 떨어져 별 서너 개도 동행하는데
왜 달과 별은
자꾸 왼쪽으로만 흘러 가는지

여기 마을에 남은 우리도
내일이면 땅속에 묻힐 당숙님도
밤새도록 떨어서야 되겠는가
누구도 겨울밤엔 떠나지 마라

우리는 때때로 떠나야 한다
그러나 우리는
저 순환하는 달과 별처럼
겨울밤에도 추위에 떨지 않고 흐르면서
한 달에 한 번씩이라도
마을에 돌아올 수는 없을까

# 한번 더 겨울을 견뎌 보자

엄동설한 겨울을
어떻게든 견뎌 보자
뼛속을 파고드는 냉기와
동토의 얼음장에서
발가락이 얼어 튀고
웅크리고 처마 밑에 누울지라도
식구끼리 김이라도 불어가며
찬 겨울 이겨 보자

우리가 어떻게든 그 얼음속
한 세월을 이겨 내기만 하면
봄 여름 가을은
수월하게 살아갈 수 있다
산야에 살아가는 풀이나 나무같이

나무와 풀이 잎을 떨구고
뿌리를 깊이깊이 내려 겨울 동안
옷깃을 여미고 지심에게 의지하듯이
우리도 간단없이 불어닥치는
고난과 한파의 겨울을
옷깃을 단단히 여미고
이웃과 식구끼리 등대고 의지한다면

우리는 북극의 엄동설한도 이길 것이요
간장을 녹이는 가슴애피도 이길 것이다

그렇게 손잡고 부둥켜안고
걸어간다면 걸어만 간다면
봄 여름 가을 같은
포근한 아늑한
한 생을 살아갈 수 있으리라

그렇게 한해 한해 겨울만 견뎌내면
우리는 육십 년 칠십 년
봄을 맞을 것이다
그러니 죽는 날까지 어떻게든
겨울을 견뎌 볼 일이다

# 움직이는 세월을 본다

어디에서 세월 흘러감을 볼 수 있을까
어디에서 움직이는 세월을 볼 수 있을까

성당에서 울리는 제야의 종소리를 들으며
섣달 그믐날 밤
달력 마지막 장을 뜯으며
한꺼번에 일년 세월 덩어리를 넘긴다

그러나 나는 이제
살아서 움직이는 세월을 본다
살아서 흘러가는 세월을 본다

할아버지 이마의 주름살에서
은비녀 꽂은 할머니의 흰 머리카락에서
흔들리며 흔들리며 떠내려가는
살아 움직이는 세월을 본다

여름날 문수산 위에서 넘어와
서쪽 하늘로 몰려가는 잿빛 구름 속에서
살아서 흘러가는 세월을 본다
뭉게뭉게 피어올라 움직이는 세월을 본다

그러면 내 마음속에서도
물결도 없이 고요히 유영하는
물고기의 지느러미처럼
부드럽게 움직이며
흘러가는 세월을 본다

# 알몸으로 나뒹굴지라도

계사년 2월 초이레
영하 14도 올 겨울은
임진년 12월부터 계사년 2월까지
매서운 추위가 몇 번씩이나 다녀갔다
지구는 온난화 한다는데
요 몇년 왜 겨울은 더 추워지는건가

지난 늦가을 서리 맞으며
텃밭에 마늘 양파 심었다
올 겨울엔 눈이 한 뼘씩이나 쌓이고
강추위로 눈이 녹지 않으니
겨울 내내 흙빛 보기가 어려웠다

1월 말경 추위가 며칠 풀리자
눈 녹고 흙빛 보여
텃밭에 나가 보았다

아직 얼음물이 차디찬 땅바닥 위에
마늘과 양파가 숱하게
알몸으로 나뒹굴고 있다
아니 그 알몸으로
두어 달을 그 두꺼운 얼음눈 밑에서

땅속에 발가락도 넣지 못하고
덜덜 떨고 있었다니
내 몸이 덜덜덜 떨려 온다

그러나 그놈들 내려다 보니
마늘 허연 알몸 끝에는
파릇한 싹이 달려 있고
저 가느다란 외줄기 양파
실뿌리 흙 위에 내놓고도
줄기는 파릇한 색깔을 붙잡고 있다

그래 그 뼛속까지 얼게 하는
눈얼음 밑에서도 알몸으로
푸르게 푸르게 견디고 이겨낸
인동의 힘 태초의 생명력
얼음마저 뚫고 오르는 마늘 양파의 힘

그것은 차디찬 칼바람 임진왜란을 이겨낸
우리 할아버지 할머니의 힘
웅녀가 심어준 민족의 힘
수천 년 이어온 끈질긴 민족의 생명력

# 주먹만 한 양파를 캐며

동지섣달 설한풍에
발가락 얼어 튀던 날
나는 네 발가락을 이불 속에
서너 번 밀어 넣어 주긴 했다만

그리고 나는 너에게
두어 번 풀뽑아 준 것 외에
별로 도와준 것도 없는데
6월 뜨끈한 여름날 오후
너를 캐보려고 텃밭에 나와 보니

아니 너는 주먹만 한
덩어리를 땅위에 밀어 올리고
대견하게 위대하게
내 앞에 당당한 동량이 되었으니

그 억센 엉겅퀴나 보래기에도 밀리지 않고
찬서리 동토의 얼음 속에서도
웅크리고 발버둥치며 참고 기어 올라온
소리 없는 아우성 목숨 건 투쟁

뼛속까지 얼게 하던 땅속의 얼음물

그 억센 엉겅퀴나 보래기의 공격에
나는 원군도 바람막이도 되어 주지 못하고
나는 오직
너의 오체투지 정진 앞에
엎드려 경외하고 큰절 올린다

# 겨울 아침에

눈 위에 찬 서리가 선운산을 덮었다
하늘은 차고 흰 눈은 숲을 덮었는데
나무는 어떻게 겨울을 나는지

몸통 팔다리 맨몸으로 서 있지만
나무는 나무끼리 등을 맞대고
침묵하며 침묵하며 겨울을 참고 있다

수천 명의 병사들 웃통 벗은 채
얼음물 속에서 몸을 맞대고
이 앙다물고 두 주먹 불끈 쥐고
침묵으로 침묵으로 겨울을 참고 있다

밤새 얼어버린 장수강 찬물에
강물 속에 줄지어 서 있는
저 백로들은 어떻게 겨울을 나는지

아무리 강물이 얼어 붙어도
강물 밑에는 숭어 떼가 오르고
백로 열두 마리 오늘 아침
소리도 없이 외발로 서서
침묵으로 침묵으로 참선하고 있다

## 제 5 부

# 살며 생각하며

*외롭거나 파도에 지쳐 절망할 때는*
*한순간 가만히 눈을 감아보자*
*놀랍게도 그리던 님은 다가오고*
*한순간에 외로움과 절망은 사라지나니*

# 귀향의 노래

성틀봉 기슭 따라 수풀 속
고인돌은 더욱 검었고
방장산 먼 하늘 위에
피어나는 솜털 뭉게구름
이제 나는 다시 보았네
세월 가도 잊을 수 없는 옛 고향

문수산 고랑에서 흐른 물
고인돌 들판을 적시고
인천강 따라 오천년을 흐르네
봄마다 선운사 동백꽃 더욱 붉구나
이제 나는 다시 보았네
꿈에서도 잊을 수 없는 그 고향

# 고창 땅에 유수(幽囚)되어

즐비한 빌딩숲 도시에서
비 맞으며 후줄근한 비 맞으며 쫓겨와
나는 수인이 되고
남쪽 바닷가 산 밑에 수인이 되고

바빌론에 갇힌 몸들은 탈출을 꿈꾸었지
눈부신 광장 높은 탑에서 살지 못하고
나는 산밑에 갇혀
칠산바다 갯바람 맞고 있지만
가슴속까지 고요하고
늙은 몸 차라리
고창 땅 유수를 기다렸다

번쩍이는 불빛 속에서
지글대는 불판 앞에서
사람들은 돌아오라 손짓하지만
우리 끝없이 막아줄 산
우리 끝없이 적셔줄 강
우리 끝없이 비춰줄 맑은 햇빛
바람 막힘없는 자유
그 속에 갇혀
차라리 나는 수인이고 싶다

# 귀향이란

주름진 이마 고향에 사는
동무를 찾아가는 일이다
건넛마을 늙으신
외삼촌 외숙모를 찾아가는 일이다

옛날 그 자리
넉넉한 방장산을 바라보는 일이다
그 산봉우리에 아침마다
떠오르는 붉은 해를 보고
소년 적 뛰는 가슴을 찾는 일이다
무럭무럭 자라는 가슴을 키우는 일이다

써래질 무논에
황새 두어 마리 만나는 일이다
모심은 들판 가득
개구리 울음 밤새 듣는 일이다

인천강 따라 유유히 날아가는
저 흰 황새 몇 마리 따라가는 일이다

저 무너진 성틀봉
수북히 자란 소나무 바라보는 일이다

인천강 따라 즐비한 저 검은 고인돌
삼천 년 전 할아버지 할머니
안부를 묻는 일이다

4월 아직 쌀쌀한 아침
선운사 동백꽃 찾아가는 일이다
오는 길에 막걸리집
육자배기 그리워하는 일이다

나의 살던 옛마을 늙은 느티나무
삭정이 가지마다 잎사귀
푸른 잎사귀
출렁출렁 피어나길 기다리는 일이다

무릉도원이 어디에 있었던가
옛사람 노래 따라
뜬구름 찾아가랴
내 뜰에 청풍명월이 이리도 가득한데

# 국밥 한 그릇 올려 놓고

사십여 년 숨가쁜 서울 생활에 지치고
기력도 희망도 사그라지고
나는 어느덧 오십 넘어 그럭저럭
서울 한복판 소공동 빌딩숲 한진빌딩에
출근하고 있었는데 어느 날
80넘은 아버지가 내 책상 앞에 걸어오셨다
내 쭈그러진 얼굴 축 처진 어깨를 쳐다보셨다

나는 점심을 드리려고
빌딩숲 뒷골목 허름한 밥집에서
아버지 앞에
국밥 한 그릇 올려 놓고
쭈그러진 얼굴 축 처진 어깨를 또 보여 드렸다
오십 년 지나온 세월을 보여 드렸다

허망한 농사 허망한 세월이구만
이제라도 새 농사 지을 수밖에
사람 일이 맘대로는 안되는구만

아버지는 일어나 길을 나섰다
내 뒤에 이어갈 누구를 생각하며

또다시 밭을 갈기 위해
허리 구부리고
남쪽으로 떠나가셨다

# 桂林에는

저 마을 속에 가득한 싱싱한 계수나무
저 사방천지에 솟아오른 무수한 산봉우리
저 무수한 세월을 흐르는 강물
저 무량한 안개
저 동굴속 무수한 돌부처
저 무수한 검푸른 대나무숲
저 무수한 세월을 지킨 용수나무
저 무수한 세월을 함께 살아온 어부와 가마우지

저렇게 수수천년 산과 강과 어울려 살아온
키 작은 살점 없는 壯族 사람들
요(堯)산 요임금과 순(舜)산 우임금을 섬기면서
저렇게 산을 안고 강물 따라 노래하며
수천 년 계수나무와 함께 살았다
수만 년 요산과 이강에서 자연과 한몸 되어 살았다

(주) 2012년 12월 중국 계림에 가 보았다. 수만 년 전인지 수천만 년 전인지 땅바닥이 융기하여 4만 개의 산봉우리가 솟았고 그 사이 사이를 강은 흘렀다. 키 작고 살점도 없는 장족사람들은 수천 년인지 수만 년인지 강에서 가마우지와 함께 고기 잡아 먹고 산다. 볼품 없는 감과 작은 밀감을 몇 개씩 묶어 주며 한국 사람이 주는 1,000원에 무한히 감사하며 산다. 그저 자연속에서 자연과 함께 어울려 살아

가고 있다. 그들은 왜 문명의 도시로 나오지 않는걸까. 그들은 만족한 것인가. 행복한 것인가. 해가 뜨면 일하고 해가 지면 잘 뿐이다. 스마트폰으로 금방 온 세계를 보고 듣고 열 시간에 지구 반대쪽을 오가는 사람들은 과연 행복할까.

# 나그네 숲으로 들어가다

어느 날 한 나그네 숲으로 들어갔다
떡갈나무 잎사귀 짙은 그늘 속에
통나무집 하나
숲 속엔 나뭇잎만 흔들거리고
인기척도 없이 바람만 지나갔다

밤에는 시냇물 흐르는 소리
노루 발자국에 낙엽 부스럭 부스럭
가끔씩 우수수 낙엽 흔들리는 소리
그 소리 듣다가 듣다가
가끔씩 나그네 코고는 소리 들렸다

도시를 떠돌면서 좇았던 반짝이던 무지개들
단풍나무 낙엽 더미에 묻고
이제는 나뭇잎 사이로 새어 들어오는
초록 초록빛 무지개를 찾고 있네

저 산을 수천 년 키워온 숲이라면
수천 년 묵은 속 깊은 숲이라면
부끄러운 이마
부끄러운 발길
두근거리는 가슴

저 두꺼운 낙엽더미 밑에 덮어 줄 수 있으리
저 푸근한 떡갈나무
낙엽 속에 덮어 줄 수 있으리

그 나그네 가끔씩
산마루에 올라
멀리 산 아래 마을
피어오르는 저녁연기 보고 돌아갔다

## 가고 싶은 길

젊은 날 두 갈래 길에서
풀이 더 있고 사람의 자취가 적은
한 길을 택하여 멀리 걸어간 후에
가지 않은 길이 더 아름다울 수 있다고
프로스트는 아쉬워했다

나도 젊은 날 자작나무 숲에서
만났던 두 갈래 길
나는 길가에 꽃들이 아름다운
한 길을 걸어갔네

세월은 한바탕 지나갔네
한 번 택한 그 길은 갈수록
가시나무와 가파른 바윗길도 많았네

이제 나는 왔던 길을 되돌아가고 있네
젊은 날 만났던 갈림길에 다다르면
나는 가지 않은 다른
한 길을 가 보고 싶네

나는 늦었지만 지금
가지 않은 그 길을 가 보고 싶네

소년이 되어 거치른 그 길을 가 보고 싶네
지나온 길을 되돌아갈 수만 있다면

## 거꾸로 돌아가도 편안한 것을

내가 지금 사는 집은 농촌 마을
도시를 떠돌다가 50년 만에
돌아온 옛집이다
마을의 집들은 철판지붕 벽돌집도 있지만
내 집은 아직 나무와 흙일세

내가 자는 방엔 달팽이가 들어오고
가끔 어둠 속에서 방바닥을 짚으면
물크덩 집히는 물체
소리도 없이
하루에 방 한 바퀴도 기어가지 못하는

며칠만 집을 비웠다 돌아오면
방문 앞에 거미가 줄을 치고
한낮에는 방 안에서 말벌이 웅웅
방구석에선 사내기 돈벌레도 왔다 갔다 한다

울타리에는 동부콩 흰꽃이 듬성듬성 피고
앞마당 한편에선 고추가 붉게 익는다
뒤뜰 장독대는 칡넝쿨이 덮었고
뒷 창문 밑에서 낮잠 자는
진돗개 코고는 소리도 들린다

어둠 속에 누우면 천정 속에서
할머니 어머니 숨소리도 들리고
아버지 기침 소리도 들린다
50년 그동안 잃어 버렸던 것들이
모두 다 가슴속에 들어온다

흰새들과 같이 강둑을 달려 본다
수풀 속에 풀 뜯는 송아지 울음소리도 듣는다
뒷동산에 올라 불그레 물든 노을을 본다

아 우리가 옛날로 돌아갈 수만 있다면
자꾸만 자꾸만 거꾸로 돌아가고 싶다
거치른 들판에서 쫓아가던
욕망과 질주를 넘어
꿈에라도 마음 놓고 쉴 수 있는 곳
그곳으로 거꾸로 돌아가고 싶다

# 꽃이 필 때까지는 살게 하여라

풀은 풀대로 풀꽃을 피우려 하고
나무는 나무대로 제 꽃을 피우려 하고
모든 풀들과 나무는 1년에 한 번
단 한 번만이라도 꽃을 피우기 위해
저리도 힘쓰며 목숨 바쳐
하늘을 우러르고 있는 것이니
농부여 그 풀이 곡식을 가리더라도
꽃이 필 때까지는 살게 하여라

숲이 저리 싱싱하게 살아 있는 것은
풀은 풀대로 나무 밑에 자라고
나무는 나무대로 풀 위에서 자라고
곤충은 곤충대로 낙엽더미 속에 기어다니고
새와 짐승은
잎사귀 그늘 속에나 나무 뒤에 숨어
저는 저대로 힘껏 살아가기 때문이다

개망초 질경이도
한 해 한 번 꽃은 피우게 하고
풍뎅이 잠자리도
살 만큼은 살게 하여라
저 뜨거운 해가 아침마다

어김없이 세상을 공평하게 비추는 것은
누구든 한 번
꽃은 피우게 하려는 때문이다
누구든 한 번 생명은
살아서 다음을 잇게 하려는 때문이다

# 그리울 땐 눈을 감자

나는 누군가 그리울 땐 눈을 감는다
먼 옛날 등굣길에서 보았던
순이가 그리울 때도 눈을 감는다
그러면 환상처럼 세월을 넘어
순이가 다가와 내 앞에 앉는다

하늘에 계신
아버지 어머니가 그리울 때도
나는 눈을 감는다
밤이건 낮이건 눈만 감으면
아버지 어머니
안방 아랫목에 앉아
큰절 받으신다

우린 누군가 그리울 땐
눈을 감고 그 님을 초대하자
그러면 그리운 그 님은 언제든지
우리 가슴에 다가와
우릴 위로하고
우리가 다시 나아가는 힘을 준다

하여튼 우리가 살아가면서

외롭거나 파도에 지쳐 절망할 때는
한순간 가만히 눈을 감아 보자
놀랍게도 그리던 님은 다가오고
한순간에 외로움과 절망은 사라지나니

살아갈수록 팍팍한 날들
하여튼 우리는 가끔씩
눈을 감아 볼 일이다

# 그 집엔 큰 나무를 심자

역사가 오래된 집에는
큰 나무가 있어야 한다
많은 사람이 오고 가는 집에는
큰 나무가 있어야 한다

오십 년 백 년 지나도
청청히 잎을 넉넉히 피우고
붉은 꽃을 피우고 낙엽도 가득 달고서
까만 열매를 나눠주는
그런 큰 나무가 있으면
우린 얼마나 포근하고 포근하겠느냐

우리들 소년 소녀를 키운
오래된 초등학교 교정에 가거나
고향의 면사무소 지서 마당에 가면
오십 년 백 년 후에 누굴 만날까
그때 우릴 손잡고 얼굴 비벼줄 사람은
구멍 패인 늙은 고목이다

늙은 가지가 교정을 덮고
면사무소 마당을 덮어버린 큰 나무는
오백 년 천 년 꿈쩍 않고

그곳을 지켜줄 아버지다
우린 그곳에서
모진 풍파에 부닥치며 가족을 지켜온
손마디 굵고 손가락마저 삐뚤어진
아버지나 큰형님의
거친 손을 잡아보고 싶은 것이다

그러니 학교나 면사무소나 지서같이
많은 사람이 살고 가는 집에는
거목이 될 느티나무나 은행나무를 심자
백 년 천 년 후에도
살다간 사람들이 찾아오며는
손잡고 노란 추억을 이야기해 주고
가지 흔들며 푸른 추억도 들려 주는
그런 큰 나무를 심자

# 다시 꿈꾸는 날들

내 어릴 적 허리까지 푸른
벼포기 이슬 털며 걸어갔던 논길
소나기 맞으며 붕어 잡았던 도랑들
오르락내리락 마을 건너 흘러가는 산등성이들
가을바람 맞으며 흔들어 보았던 상수리 나무들

지금 다시
논길 따라 들판을 건너
도랑에서 붕어라도 잡을 수 있다면
얼마나 무거운 어깨 가벼워지는 것이냐
얼마나 어둑한 마음 밝아지는 것이냐
논 길 그 나무 흐릿한 냇물 생각하면
눈부시다 태양이
가슴이 깃털처럼 가볍다
마음이 하늘속에서 시원하다

그날처럼
물총새와 황새가 강 따라 날고 있다
붕어와 메기가 보또랑에서 흘러 간다
성틀봉에도 태봉에도
소나무가 한참 푸르다

아 우리는
돌아갈 수 있다 그날처럼
가볍게 날아오를 수 있다
시원하게 살아갈 수 있다
고맙다 나 없을 때 키 큰 소나무야
냇가를 지켜준
물고기 사냥꾼 파랑 물총새야

# 내가 농부가 되고 나서

내가 나이가 들어
고향 농촌에 돌아와
두 해 정도 농부가 되어 보니

내가 땅을 파고
고추 콩 씨앗 심으면
나도 씨앗이 되어 땅속에 묻히고

고추나 콩대가 하루하루 키를 커 가면
나도 줄기가 되어
쑥쑥 키가 커 간다

고추가 하루하루 붉어지면
내 마음속도 하루하루 덩달아 붉어지고
콩깍지가 누르스름 익어 가면
내 마음속도 누르스름 익어 간다

내가 농부가 되고 나서
나는 고추가 되고 콩이 된다
그놈들이 열매를 남기고 죽으면
나는 무엇을 남기고 죽을까

## 나는 어디로 가는가

세월이 간다
가을이 간다
겨울이 온다
봄 여름 가을이 돌아온다

나도 간다
나는 한 번 가면
돌아오지 않는다
아니 하늘 속에 한 점 구름으로
천둥 속에 쏟아지는 한 방울 빗물로
그렇게 돌아온다

그렇게
나는 봄 여름 갈 겨울이 되고
나무가 되고 꽃이 되고
나와 모든 것은 하나가 되어
끝없이 돌고 도는 세월 속에
흐르고 흐를 것이다

# 절망이 찾아올 때는 삽을 들고 밭으로 가라

삶이 지치고 우울해질 때
삽을 들고 밭으로 가라
땅만 보고 흙을 파 나갈 때
10월 마지막 태양빛 서늘함 속에
온기라도 조금은 남아 있을 때까지는
조금씩이라도 자람을 멈추지 않는
콩줄기와 잡풀들
그들에게서 부지런한
마지막 한순간까지 부지런한
거룩한 생명의 힘씀을 본다
식어 가는 내 심장이 뛰어오른다

내 몸이 한없이 작아지고
거친 언덕 올라갈 힘도 없어
절망이 찾아올 때
삽을 들고 밭으로 가라
땅만 보고 한동안 흙을 파라
땀이 몇 방울 이마에 맺히고
숨소리도 조금 거칠어질 것이다
모든 생명을 잉태하는 어머니
흙 속에서 생명을 잉태하는 숨결을 느낀다
식어 가는 내 심장이 다시 박동함을 느낀다

이른 아침 깨어나
나 오늘 홀로 무력하고 슬퍼질 때
삽 들고 밭으로 나가라
흙만 보고 한동안 땅을 파라
흙은 항상 생명을 키우는 보금자리
판 흙 속에서 나는 열 가지도 넘는 생명을 본다.
민들레 씀바귀 도라지의 숨결이
흙 속에서 피어오른다
내 생명도 함께 피어오름을 느낀다

11월 낙엽 지고 12월 눈이 쌓여도
내 생명을 살리기 위하여는
땅을 팔 일이다
흙 속에는 항상 생명을 일으키는 숨결이 있나니
절망을 안고서도 흙 파고 땀이라도 흘리면
머지않아 흙의 숨결은 올라와
누구든 일어서는 생명을 얻을 수 있으니

# 우리 강산 외롭지 않게

어릴 적 소년 시절에 가끔
인천강을 따라 끝까지 걸어가 보고 싶었다
그 끝에 어떤 바다가 있는지
그 바다에 어떤 고기가 사는지

어릴 적 소년 시절에 가끔
방장산 끝까지 올라 보고 싶었다
방장의 하늘 저 너머엔
무슨 산과 강이 뻗어 가는지
누가 살고 있는지 보고 싶었다

육십 넘어 인천강 따라 하루를 걸었다
고인돌 삼천 년이나 이곳을 지켜온
저 수많은 조상들의 형해와 영혼
강물 따라 너울너울 기나긴 역사 날아가는
천 년까지 살 법한 저 몇 마리 백로

이제 희끗한 머리카락 이고
방장의 꼭대기에 올랐다
방장을 넘어서도 하늘은 하나였다
사람도 하나였다 끊임없이
수천수만 년간 모두모두 하나였다

수천수만 년이나
저 강물은 그대로 흘렀고
저 산은 그대로 하늘 아래 그곳을 지켜 왔다
한치의 이동도 없이 그대로 이곳을 지켜 왔다

앞으로도 저 강과 산은 오래도록
저렇게 흐르고 이곳을 지켜 나갈 것이다
수천수만 년 그들과 함께 살아온 우리도
이 땅을 오래도록 이어 가야 하지 않겠는가
한몸 같은 저 강과 산을
외롭게 해서야 되겠는가

# 우리가 돌아가야 할 땅은 어디인가

나 항상 돌아가야 한다고
꿈꾸던 땅은 어디인가

꿈을 찾아 도시를 헤매이던 때도
절망에 빠져 바닷바람을 맞고 떠돌 때도
난 항상 내 생의 마지막을 앞두고는
그 땅에 돌아가야 한다고 다짐했다

이제 고향에 돌아왔다
내 의식의 그 깊은 곳에
항상 자리한 꿈꾸던 땅
힘겨움과 따뜻함이 함께 있던 농촌
오십 년 전에 살았던 고향에 돌아왔다

배는 부르고 길은 번쩍이고
오색빛 유희에 몇 사람 춤추고 있지만
사람은 모두 떠나고
아기도 송아지도 없는 텅 빈 마을
온기 없는 가슴 잃은 고향

먼저 나무를 키우자
함께 살았던 새들을 불러 모아야겠다

새들이 새끼 치는 푸른 숲을 키우고
강물도 넉넉하게 흐르게 하자
그러면 사람들도
다소곳한 마음으로
마을에 다시 돌아오겠지

# 쌀밥 보리밥 가리지 말자

오륙십 년대 어렸을 적엔 쌀밥만 먹고 싶었다
꽁보리밥만 먹을 때는 너무 싫었다
아무때나 방귀가 뺑뺑 터졌기 때문에
이쁜 여자 친구나 선생님 앞에서
방귀가 느껴올 때는
멀찌감치 운동장 가로 달려가서 서성거려야 했다

오늘 육십 넘어 농촌에서 나는
보리밥 먹고 산다
쌀에 보리를 많이 섞으면
구수한 보리 냄새가 마음 덥혀 주고
구수하게 푸근하게 옛마을도 생각나게 한다

사시사철 익어가는 곡식들을
제때 거두어 밥을 지어 먹으면
마음도 따뜻해지고
피 흐르는 몸도 따뜻해지고
자연의 온기와 생명력이 몸속에 들어온다

한여름엔 꽁보리밥
마늘 캘 때는 애콩밥 호랭이 콩밥
가을에는 수수밥 조밥

일년 내내 자주자주 서리태 검은콩 밥
그 밥은 흰 머리 검게 해준다고

늦가을엔 고구마 밥도 한 번 먹어 보자
깍두기처럼 육각형으로 잘라
쌀에 섞어 먹어 보자
배 속이 편해지고 오장이 잘 돌아간다

잡곡만 잘 섞어 먹어도 온갖 병 막아준다
쌀밥 보리밥 가리지 말자
일년 내내 찾아오는 우리 곡식
잘만 섞어 먹으면
내 몸도 강산도 가뿐해진다

# 한 알의 밀알을 거두기 위하여

한 알의 밀알을 거두기 위하여
하늘은 햇빛을 내리고
따뜻하게 뜨겁게 서늘하게
땅은 물과 거름을 밀어 올리고
촉촉하게 가지 끝까지

한 알의 밀알을 거두기 위하여
바람은 가끔씩 나무에게
겨드랑이를 말려 주기도 하고
밤새 살랑살랑
이야기를 들려주기도 하고

한 알의 밀알을 거두기 위하여
벌과 나비는
꽃과 꽃을 입맞추게 하고
뻐꾸기 산비둘기는 하루 종일 노래하며
곡식은 줄기 속에서
춤추며 자라게 하지

저 무궁무진한
하늘과 땅의 보살핌과
꽃을 웃게 하는 벌나비의 연주와

바람의 이야기나 새들의 노래도
한 알의 밀알을 거두기 위하여
모두 보이지 않는
힘을 보탠 것이다

# 갈등
- 칡과 등나무

예부터 칡과 등나무는
서로 감고 돌아서
서로를 이기려고 죽도록
목을 조이는 줄 알았다

그러나 서로 감은 칡나무 등나무
죽은 나무 보지 못했다
서로 감은 채
칡은 칡잎을 피우고 칡꽃을 피우고
등나무는 등나무대로
잎을 피우고 꽃을 피웠다

봄부터 가을까지
감고 돌아서 서로
목을 조이는 줄 알았지만
각자 꽃피우고 마음껏 자랐다

갈등은 풀지 않고
하나로 묶어
서로 얼싸안고 감고 돌면서
칡 잎처럼 등나무 꽃처럼

푸르게 보랏빛으로
가슴속에서 삭이고 녹여서
한몸으로 살아갈 수도 있으리

# 나팔꽃 목을 자르며

내 열 살 무렵 소년 시절에
울타리에 피는 나팔꽃이 정말 좋았다
내 후에 청년이 되고 결혼할 적에는
아침에 웃으며 정지방 문 열고 나오는
나팔꽃 같은 새아씨와
결혼 하리라 마음 먹었다

나 지금 나팔꽃 같은
아침에 웃으며
정지방 문 열고 나오는
새아씨와 결혼하여 잘 살고 있다만
늘그막에 농사 지으며
내 소년 시절 사랑하던 나팔꽃
그 목을 수없이 자르며 잔인한 농부가 된다

내 사랑하는 나팔꽃은 왜 울타리에 피지 않고
고추밭이든 콩밭이든 들깨밭이든
왜 이리 무성하게 몸을 감고 올라오는고
난 지금 농부다
한 알의 콩알이나 한 줌의 들깨라도 얻어 보려고
하루하루 땀흘려 풀 뽑는다

나팔꽃, 할 수 없이 네 목을 자른다
피는 나오지 않지만
순하게 아침마다 꼭 웃는 네 얼굴이
아침마다 꼭 웃는 네 얼굴이
열 개 스무 개 온통 웃지만
난 네 목 열 개 스무 개 모두 자른다

농부는 나팔꽃 얼굴 모른다
네가 아무리 방긋방긋 아침마다 웃어도
농부는 외면하고 네 목을 자를 것이다
차라리 내년부터는
울타리에만 피어 올라라
울타리에서는 너 온종일 웃을 수 있을 테니

## 누구든 마을은 지켜야 하지 않겠는가

수천수만 년 이곳에 마을은 있어 왔다
수천수만의 사람들이 그 속에서 살아왔다
그러나 지금 사람들은 모두 떠나고
할아버지 기침 소리도
애기들 울음소리도 없다
소울음 닭울음 소리도 없다

나도 마을을 떠나 돌아다니다가
오십 년 흘러 마을에 돌아왔다
그동안 아니 수천 년 동안
누가 무엇이 마을을 지켜왔는가

오늘 고요 속에
눈발 날리는 하늘과 들판을 본다
아득한 옛날
옛사람들의 몸짓 목소리 떠오른다
그러나 자꾸 떠나고
마을은 자꾸 텅 비어 간다

수천 년간 마을을 지켜온 누구를 생각한다
저 말없는 늙은 느티나무와 감나무 소나무
나무는 겨드랑이 밑에 새끼를 키우고

눈 덮인 소나무 위에 잠자는 산까치
감나무 작은 가지 사이로 포르르 날아드는
작은 박새와 직박구리
새들은 마을 안에 끊임없이 새끼를 키운다

그들만이
때가 되면 새끼를 치는 그들만이
돌아오는 수천 년 억겁의 세월 속에
마을을 지켜갈 것이다 우리는
어차피 나무와 새들을 믿을 수밖에 없다
누구든 마을은 지켜야 하지 않겠는가

# 전봉준 우금치를 넘다

전봉준 아버지 질마재에서 기도할 때
꿈속에 소요산 만장굴이 목구멍 속으로 들어와
전봉준은 소요산처럼 암팡지게 태어났다

암팡진 그 소년 열세 살 적에
고향 당촌 뒷산에 올라
백로 자유로이 나는 들판 늘 보았지만
텅 빈 손 텅 빈 찻독
끼니 잇기도 어려워
글은 읽어서 무엇하리

사시사철 뼈가 으스러지게 일해도
너댓 목숨 호구지책도 안되네
누구의 잘못인가
하늘의 저주인가
이것은 짐승의 목숨인가
사람의 목숨인가
주인은 누구이고 노예는 누구인가
글은 읽어서 무엇하리

가자 새로운 땅으로
열세 살 전봉준 당촌을 떠나

원님 어진 땅 원님 어진 땅
신천지 새로운 땅을 찾아
전주 원평 태인 고부로

고부 땅도 막막하긴 다 똑같네
이제 두 주먹 불끈 쥐고 수령 아전
넘어뜨리지 않고는 살 수가 없네
조병갑 고부군수 창고에는 쌀이 쌓이고
농민들은 굶고 굶어
환장하여 헛것이 보이네

고부 농민들 살려야 하네
정읍 무장 농민들도 살려야 하네
전라도 농민들 밥이라도 먹게 하려면
동학군 농민군 함께 일어나야 하네
무장땅 손화중과 손잡아야 하네
굴치를 넘어 사신원을 넘어
몇 번이나 손화중을 찾아 오갔던고

나폴레옹은 말 타고 알프스 넘어
유럽 백성들 사람으로 살아나게 했고
전봉준은 손이 묶여 우금치 넘었지만 죽어서

조선 농민들 사람으로 살아나게 했다
조선 백성 평등평등한 세상 가져왔다
말 타고 우금치 넘지 못했지만
손 묶인 채 우금치 넘어 새 세상을 열었다

다리는 부러지고 손은 묶인 채
앉혀 가던 가마니 들것
차디찬 천 리 길 가마니 들것 위에서
전봉준 다시 살아났다
그 형형한 눈빛
기어코 우금치 넘어
조선 농민 살리고야 말겠다는
그 형형한 눈빛
박생광의 붓끝에서 전봉준은
형형하게 꼿꼿하게 지금 살아났다

갑오년 산하 들판을 누비던
조선 농민의 희망을 펄럭이던
흰 두루마기 입고
옷고름도 단단히 흰 두루마기 입고
목숨까지 바친 채 눈알 뒤집은
성난 농민군 속에

하늘을 향해 다짐하는 형형한 눈빛
전봉준 다시 살아났다

전봉준 지금 우금치를 넘었다
조선 사람 우리들 모두 우금치 넘었다
위에도 사람 없고 아래에도 사람 없도다
이 세상에 우리 모두 평등 평등 하도다

손병희는 두 주먹 불끈 쥐고
손 묶인 채 우금치 넘어가는 전봉준을 보았다
백성들 기어코 살리고야 말겠다는
가슴과 가슴의 약속
찢어지는 가슴속에
그 약속을 깊이 묻고
손병희도 우금치를 넘었다

전봉준과 손병희의 가슴의 약속
일본을 몰아내고 이 땅에
인내천 세상 펼치고야 말겠다는
가슴의 약속
3월 1일 만세로 터지고
황해도 소년 접주 김구에게까지 이어져

조선 사람들 모두에게 그 약속 이어져
조선 사람들 마침내 평등 맞았네
전봉준과 조선 사람 모두 평등 맞았네

(참고) 박생광의 "싸우는 전봉준"(360cm×510cm, 국립현대미술관 소장), 백산봉기 기록화(전주 한옥마을 동학혁명기념관 소장)

# 조선 사람의 낯빛

미당은 조선 사람의 마음을
이조 백자에서 보았다

나는 조선 사람의 얼굴을
하지 감자에서 보았다
막 캐낸 감자의 흰색이 조금 도는
누리끼리한 낯빛
그것은 영락없는 조선 사람의 낯빛이다

쇠스랑 한 번 내려 찍으면
주먹만 한 가시버시와
여남은 명의 누리끼리한 새끼들이
우르르 몰려나와
흙집 넙덕지만한 마루에 서서
떨고 있는 조선의 새끼들

조선 사람의 낯빛은
영락없는 감자의 낯빛이다
누리끼리한 감자의 낯빛이다

# 빈집을 놔두고 하늘로 갈 수 있는가

나의 고향 집은
4~5년이나 빈집이었다
아버지 떠나고 어머니가 떠난 이후에도
마당에 감나무 밤나무는 있었다
그러나 문은 닫혔고
방구석마다 거미는 줄치고
사내기 그리마가 어머니 옷장 밑에 사는
인기척이 없는 빈집이었다

겨울밤에 나는 고향 옛집에 돌아왔다
문풍지 사이로 찬바람은 스며들고
눈 날리는 바람은 뒤뜰 대나무를 흔들었다
깜깜한 천장을 응시하며 어머니
5년이나 접어둔 채 세월 보낸 어머니 이불
그 이불 덮고 웅크린 채 누워 보았다
5년간 가라앉은 냉기가 가슴속으로 스며 온다

깜깜한 천장에서는
아버지 어머니 그림자 왔다 갔다 하고
몇 달씩이나 밤마다
천장에서는 숨소리도 없이
아버지 어머니 왔다 갔다 하고

이제 내가 돌아와 그 방에 누워 있는데도
서너 달을 천장에서 지키다가 물러가셨다
아니 빈집을 4~5년간 지키다가
이제 물러가신 것이다

빈집은 돌아가신 할아버지 할머니가 지킨다
밤에는 천장 속에서 소리 없이 그림자로 지킨다
아들이고 딸이고 돌아올 때까지는 지킨다
어찌 빈집을 놔두고 하늘로 갈 수 있단 말인가

우리 이제 옛집으로 돌아오자
고향의 빈집으로 돌아오자
연어가 돌아와 고향의 냇물에서 새끼를 낳듯
우리도 옛집에서 새끼를 키우자
돌아가신 아버지 어머니
빈집 잊고 영영 하늘로 가시도록

# 사는 것이란

사는 것이란 살아가는 것이다

산이 있기에 올라가는 것이다
길이 있기에 걸어가는 것이다
해가 뜨기에 일어나 일하는 것이다
해가 지기에 누워 자는 것이다

사는 것이란
절대자 하늘, 땅, 해, 자연의
몸짓에 손짓에 눈짓에 따라가는 것이다

사는 것이란 즐거운 것 아니다
사는 것이란
고난 고난 고난
기쁨 즐거움은 순간이다
아주 짧은 아주 작은 한순간이다
나머지는 모두 고난 고난 고난

그러나 수천수만 년
옛사람들도 살아갔다 살아왔다
사는 동안 모두 고난이었지만
고난 속에 구르면서 살아갔다 살아왔다

사는 것은 참으면서 살아가는 것이다
참을 수 있을 때까지 참고 살아가는 것이다
참지 못하고 목숨 포기하는 것은
살지 못한 것이다
애당초부터 살지 못한 것이다
애당초부터 죽음 속에 살고 있었던 것이다

살아가는 것은 고난 고난이지만
참아 갈 만하고 견뎌 갈 만하다
가끔씩은 은근하고 지긋한 기쁨 만날 수 있다
세상 끝까지 등을 지긋이 밀어주는 해와
은근히 안아 주고 손잡아 주는
산과 강이 있기 때문이다

## 식구라도 많아야 외롭지 않다

조선의 여인들 외로움 속에는 살기 어려워
한 번 시집가서 애기 낳고 살다가도
지아비가 죽으면
후처 자리라도 한 번 더 들어간다
재산이 많은 자리도 아니지만
단지 조선의 여인은 언제든 지아비를 섬기고
애기 낳고 사는 것이 사람 사는 일이었다
전처 자식을 길러야 하고
시부모 모시고 시아재 시누이 수발도 많은
고난이 산처럼 쌓인 동굴 속으로
온갖 짐을 무릅쓰고 제 발로 찾아 들어간다

무슨 자존심이 없던 것도 아니다
남자의 뜨거움이 갈증나서도 아니다
여자는 흙담 집에 누울지라도
남자의 등에 기대야만 마음이 놓였기 때문이다
구물구물한 식구들 한 방 가득하고
벽지도 없는 흙냄새 초가삼간에 누워도
남편의 등에 기대고 몸이라도 눕는다면
하루라도 마음은 안심할 수 있기 때문이다

조선의 여인들은 온종일

밭매고 길쌈하는 건 아무것도 아니었다
애기 낳고 식구 수발 아무것도 아니었다
방 안에는 구물구물 식구들이 넘쳐야 하고
남편 등대고 누울 수만 있다면
친정 부모님도 마음 놓으실 것이고
큰일 없이 그렇게만 하루하루 살아간다면
조선의 여인들에게도 그러한 날들은
어수선한 마음 잊고 살만 한 세상이었다

# 늙은 어머니 허공을 보다

잘 걷지 못하는 늙은 어머니는
날만 새면 마루에 나와 앉아
허공을 본다
앞들판 너머 하늘을 본다

수십 년 길쌈하고 밭매다가
건성건성 보았던 하늘
이제 오래오래 찬찬히 보고 있다

허공 속에는 검푸른 소나무도 있고
누렁소 쟁기질하는 시아버지도 있고
앞논 나락 베는 아버지 그림자도 있다

수십 년간 살아가고 살아온
기나긴 한세상을 본다
수십 년간 흘러간 세월을 본다
어머니 그 세월 속으로 들어가신다

# 배반의 자식

나는 아버지를 배반하고
어머니마저 배반하였다
배반이 무엇인지도 모르고 배반하였다

아버지는 팔십육 세에 고비를 맞으셨다
서울 병원에서 죽음을 예감하셨는지
자꾸 고창 집으로 가자고 하셨다
고향 하늘 보며 떠나려고 마음먹은 것이다

그러다가 갑자기 숨이 급해졌다
여의도 성모병원 응급실에 실려 갔다
손발을 침대에 묶고 입에 재갈을 물렸다
십 일 동안 눈만 껌벅거리셨다
빨리 고창 집으로 가자는 눈짓이었다

나는 그것도 눈치채지 못하고 여러 날을 보냈다
손발 묶인 채 재갈 물고
십 일이나 지나 눈을 감으니 고향으로 모셨다
마음대로 죽고 싶은 바람마저 지켜 드리지 못했다
마음대로 죽고 싶은 마지막 바람 한번
지켜 드리지 못한 배반의 자식이 되었다

어머니는 늙으면
내가 곁을 꼭 지켜줄 거라고 믿었다
나도 어머니가 늙으면 꼭
곁을 지켜 드리리라 마음속으로 다짐하였다

어머니는 늙으시고 거동 불편하셨다
내가 언제나 곁으로 올 것인가 늘 기다렸다
기다림은 그냥 기다림이었다
곁에 오라는 내색도 못하고 가끔씩
내 얼굴만 멍하니 바라보는 기다림이었다

그러다가 어느 날 땅바닥에 주저앉으시고
엉덩이 뼈가 부스러져
병상에 누워 서너 달
정신 왔다 갔다 하시다 눈을 감으셨다
내가 언젠가는 곁을 지켜줄 거라는 기다림만은
끝내 놓지 않고 눈을 감으셨다

기다림은 잘 지켜지지 않고
기다림은 단지 기다림으로 끝나 버린다는 것을
이 세상에서 나는 왜 몰랐던가
어머니도 모르고 떠나셨다

나는 내 마음속에 굳게 마음 먹었던
어머니의 그 기다림만은 풀어 주겠다던
내 마음속의 오랜 약속을 지키지 못하고
어머니에게마저 또 한 번
배반의 자식이 되었다

# 아버지 어머니의 종교

나는 유소년 논밭에서 자랐다
아버지 어머니 농촌 일 구덕에서
종일 허덕이는 삶을 보았다
세월 따라 조금씩 도구는 나아졌지만
밤낮 사계절 수십 년 끊임없이
일 구덕에서 허덕이는 삶을 보았다

허기와 구부림을 감내하면서
근심과 희망을 반복하면서
그러나 원망과 한탄은 삼킨 채
일 구덕에서 수십 년 허덕이며
몸부림치는 힘겨운 삶을 보았다

내가 60 넘어 생각해 보니
농촌 흙 속에서 평생 바친
아버지 어머니 인생이란
처음부터 끝까지 오로지
하늘을 섬기고 흙을 함께한 것이다

아버지 어머니의 종교는
하늘과 땅이다
하늘 천 따 지 - 그 종교의 가르침은

오로지 하늘과 땅을 섬기고
대대로 사람의 역사를 이어 가게 하는 것이다

수천수만 년 선조에서 물려 받아서
자식에게 이어 주어 내가
그 긴 역사를 끊지 않고 이어 주는 것이다
민족의 끈을 나라의 끈을
끊지 않고
핏줄을 이어 주는 것이다

순천자는 흥하고 역천자는 망한다

# 우리는 모두 영원하여라

방장산 위에 오늘 새벽 떠오르는 해는
낮을 지나 서산 넘어간 후
하룻밤을 돌아 내일 아침
방장산 위에 다시 떠오르고
내일 아침 뜨는 해는 하룻밤을 돌아
모레 아침 방장산 위에 또 떠오르고
밤새 돌고 돌아 해는 아침마다
천년만년 방장산 위에 떠오르나니

성틀봉에 소나무 자라고 자라
늙어 넘어지면
그 밑에서 새끼가 자라나
그 새끼는 자라고 자라 또 우거지고
그 새끼 늙어 넘어지면 그 밑에서
또 새끼가 싹 틔우고 자라서 우거지나니
천년만년 자라고 자라 우거지나니

인천강을 따라 나는 저 흰 백로는
수십 년을 살면서 강 위를 날다가는
어느 날 새끼를 낳고
그 새끼는 강 위를 또 날아다니다가
그 새끼도 또 새끼를 낳고

날아다니다가 새끼를 낳고
천년만년 새끼 낳고 날아다니나니

여기 검은 고인돌 들판에 사는 우리도
새끼를 낳고 논밭 일구며 살다가
우리의 새끼도 또 새끼를 낳고
그렇게 천년만년 새끼를 낳고 사나니

세상은 고창 땅에서 끝이 없어라
자연도 사람도 끝이 없어라
우리 모두는 천년만년 영원하여라

# 어머니 생각

1. 어머니는 나에게
   늙으면 곁을 지켜 달라고 말했지
   나는 마음속으로
   꼬옥 꼭 곁을 지켜 드리려고 다짐했지
   그러나 세상일이 쉽지는 않아
   어머니 혼자서 쓸쓸히 떠나가셨네
   그렇게는 가시면 안된다고
   나는 울면서 울면서 땅을 치네

2. 어머니는 늙어서도
   곁을 지켜 달라는 말은 차마 못하고
   가끔씩 내 얼굴만 쳐다보았네
   무엇이 미안하여 그 말을 못하나
   지켜 달란 그 말 차마 못하고
   어머니 혼자서 쓸쓸히 떠나가셨네
   그렇게는 가시면 안된다고
   나는 울면서 울면서 가슴을 치네

# 빨간 그리움

그리움이 익으면
그리움이 사무쳐 몸서리치다 보면
그리움은 무슨 색깔이 될까

8월 밭고랑에 빨갛게 익어 가는
뜨끈뜨끈한 고추밭에 앉으면
빨간 그리움의 냄새가 진동한다

그리움은 속으로만 속으로만 타오르고
뜨겁게 뜨겁게 몸서리치다가
몸뚱어리마저 온통 붉게 타오른다

그것은 소리 없는 아우성
그것은 소리 없는 몸부림
그리움을 이기지 못한
어머니의 피맺힌 붉은 절규다
조선 여인들이 토하는 선혈이다

# 문중 현충일

우리가 6월 6일이면 순국선열을 기리며
긴 묵념을 한다
나라를 위해 겨레를 위해
목숨 바친 할아버지 할머니
그 님께 감사와 위로를 바친다

나라에 현충일이 있고
문중에도 현충일이 있다
후손을 위해
영구히 문중과 나라를 이어 가기 위해
힘써 살다간 문중의 할아버지 할머니
그 님께도 감사와 위로를 드리자

위기와 절명의 순간순간
목숨을 바쳐
나라와 겨레의 핏줄을 이어온
사람과 사람의 핏줄을 이어온
무수한 할아버지 할머니

오늘 우리나라 이어 가도록
뒷사람들 살아가도록 모진 힘 바쳐온
이 나라에 살다 가신 할아버지 할머니

그 님들께 한 해 한 번은
감사드리고 정성껏 두 손 모아
큰절하며 추모하고 위로드리자

나라에서는 현충일에
문중에서는 뜻모아 하루
모두 모여
정성껏 두 손 모아 엎드려 큰절하자
냉수 한 그릇이라도 올려 놓고

우리 할아버지 할머니
문중 속에 살아 숨쉬고
문중은 나라 속에 숨쉬고 있으니

그렇게 우리 문중 있게 하신
그렇게 우리나라 있게 하신
할아버지 할머니께
한 해 하루는 냉수라도
한 사발 올려놓고
감사하며 큰절 올리자

■ 발문

# 귀향을 통한 '자기 집에 있음'의 행복

박 호 영
〈시인 · 문학평론가〉

강희석 시인이 두 번째 시집 『귀향의 노래』를 펴냈다. 첫 번째 시집을 펴낸 후 2년 만의 일이다. 분명 짧은 기간 안에 또 한 권의 시집을 펴낸 것이긴 하지만, 고향에 정착하고 살아가면서 그만큼 할 얘기도 많고, 노래하고픈 아름다운 풍광도 여기저기 눈에 띈 탓이리라. 나는 이미 첫 시집의 발문을 쓴 터이라 한사코 다시 발문을 쓰는 것을 고사했으나, 남에게 부탁하는 것이 부담이 되는 그인지라 고교 동창인 내가 그나마 가장 마음이 편한 것이 아니었던가 한다.

시집의 제목에서 파악되는 바이지만 강 시인이 이번 시집에서 펼치고 있는 시세계는 어릴 적 추억으로 남아 있는 고향의 아름다운 자연들과 인정 어린 인물들에 대한 노래이다. 그들은 적지 않은 나이에 귀향한 그에게 '아늑한 위로'가 되었고, 앞으로의 삶의 의미이기도 하였다. 그는 '작가의 말'에 달은 제목처럼 "고향의 재발견에 작은 굄돌이 되고파" 시를 썼다. 그러므로 그의 시에는 고향에 대한 사랑이 절절히 배어 있다. 그가 고향을 얼마나 사랑하는가는 시집의 제목이기도 한 「귀향의 노래」란 시에서 단적으로 파악된다.

성틀봉 기슭 따라 수풀 속
고인돌은 더욱 검었고
방장산 먼 하늘 위에
피어나는 솜털 뭉게구름
이제 나는 다시 보았네
세월 가도 잊을 수 없는 옛 고향

문수산 고랑에서 흐른 물
고인돌 들판을 적시고
인천강 따라 오천년을 흐르네
봄마다 선운사 동백꽃 더욱 붉구나
이제 나는 다시 보았네
꿈에서도 잊을 수 없는 그 고향

-「귀향의 노래」 전문

성틀봉, 방장산, 문수산, 인천강, 선운사 동백꽃, 이 모든 것들은 그가 어릴 때 고향에서 자주 대하던 자연물이다. 그 때는 아무 느낌도 없이 그들과 만났는지 모른다. 그러나 나이 들어 다시 보는 그들은 자신의 유년이 깃들은 추억물이요, 고향의 소중함을 일깨워 주는 정신적 뿌리이다. 어느 철학자는 말하길 "인간이란 그가 사는 고향의 경험이요, 인생이란 고향의 구조이며 역사다"라고 했다. 그러기에 강 시인에게도 고향은 절대적인 존재의 장소이다. 그는 고향인 고창에 내려와서 비로소 '자기 집에 있음'의 행복을 느끼는 것 같다. 바라건대 사는 날까지 이 행복을 누리며 그가 사랑하는 고향의 풍물들에 대한 시안(詩眼)이 더욱 현묘해졌으면 한다.

2014년 3월 22일

저자와의
협약으로
인지생략


강희석 제2시집

# 귀향의 노래

초판 발행 2014년 4월 5일

지은이 | 강희석
펴낸이 | 김효열
편집부장 | 김경희
편 집 | 이미정
마케팅 | 김효숙 · 김영미

펴낸곳 | **을지출판공사**

등록번호 · 제 2-741호
등록일자 · 1985년 2월 14일
주 소 · 서울시 마포구 양화로6길 27-5(서교동) 301호
우편번호 · 121-840
전 화 · 02) 334-4050
팩 스 · 02) 334-4010
E-mail : ejp4050@hanmail.net

값 10,000원

* 잘못된 책은 바꿔 드립니다.

ISBN 978-89-7566-150-1 03810